I0830187

LA CUARTA TRANSFORMACIÓN Y LA REFUNDACIÓN DE JALISCO

Luis Cisneros Quirarte

*A la constante presencia de
Esther Quirarte de Cisneros,
y a su amantísimo esposo e hija.*

No hay nada en las calles
que me parezca diferente,
las consignas se reemplazan al por mayor,
y los partidarios de la izquierda
son ahora partidarios de la derecha.
Las barbas han crecido durante la noche.

Me quitaré el sombrero ante la nueva
constitución.
Haré una reverencia a la nueva revolución.
Me reiré y gesticularé por los cambios alrededor.
Tomaré mi guitarra y tocaré
igual que ayer.
Entonces me pondré de rodillas y rezaré.

No nos engañarán de nuevo.

Conoce al nuevo jefe.
Igual que el antiguo jefe.

> *Pete Townshend,*
> *No nos engañarán otra vez.*

Dices que cambiarás la constitución.
Bueno, tú sabes…
Todos quisiéramos cambiar tus ideas.
Me dices que son las instituciones.
Bueno, tú sabes…
Mejor libera tu mente.

Lennon y McCartney,
Revolución.

Contenido

1.

PRIMERO DE JULIO DE 2018

El primero de julio de 2018 un poco más de treinta millones de mexicanos -cincuenta y tres por ciento de los sufragantes- eligeron por primera vez en la historia contemporánea de México a un presidente de la República de un partido diferente al PRI que, desde sus antecedentes partidarios y con una breve intermitencia, gobernó durante setenta y siete años, y al PAN que lo hizo doce: se trata, claro está, de Andrés Manuel López Obrador y su partido, MORENA.

Ello significó un voto de descontento y hartazgo con la clase política tradicional, tanto por su falta de capacidad para dar respuesta a la desigualdad y la inseguridad, como por las evidencias de su corrupción criminal, es decir, el proverbial voto de castigo.

Pero también fue un voto de confianza y esperanza en AMLO y su reiterado ofrecimiento –a lo largo de tres campañas presidenciales- de combatir la pobreza y la corrupción.

Y en un sentido más profundo, lo fue asimismo de confianza y esperanza renovada en la democracia como herramienta de cambio.

Hubo una particularidad: mientras que la fortaleza de la candidatura de López Obrador permitió que MORENA, en alianza con el Partido del Trabajo (PT) y el Partido Encuentro Social (PES) consiguiera cuatro gubernaturas –Morelos, Tabasco, Veracruz y la jefatura de gobierno de la Ciudad de México- de las ocho que estuvieron en juego, en tres más –Guanajuato, Puebla y Yucatán- triunfaron los candidatos postulados por la coalición que en todos los casos incluyó al Partido Acción Nacional (PAN) y a Movimiento Ciudadano (MC) y solamente en uno –Yucatán– no sumó también al PRD. La excepción fue Jalisco: allí Movimiento Ciudadano contendió sin alianzas para la gubernatura y ganó.

Enrique Alfaro Ramírez fue electo gobernador de Jalisco, y su triunfo significó igualmente el fin de una era durante la cual PRI y PAN se alternaron los gobiernos estatales. Hecho precedido tres años antes por el triunfo de Alfaro bajo las siglas emecistas en la alcaldía de Guadalajara.

Al igual que AMLO, Alfaro había sido superado por el PRI en la anterior elección. Desde la derrota, ambos, construyeron su eventual victoria.

Y en 2018, los dos candidatos ofrecieron a su electorado una muy ambiciosa agenda de gobierno: la Cuarta Transformación de México y la Refundación de Jalisco, respectivamente.

Como en 1988: cuando la sociedad mexicana puso en riesgo las décadas de hegemonía del PRI y en los hechos le arrebató tramos de un poder hasta entonces absoluto, obligando a la ampliación de la coalición gobernante que al incluir a la cúpula panista dejó de ser monocolor (o tricolor, por el emblema priísta y su identidad con los símbolos patrios, cual corresponde a un partido de Estado) dando paso a la era del PRIAN.

Como en el 2000: cuando el panista Vicente Fox capturó la esperanza de un pueblo para traicionarla en su frivolidad y de la cual es hoy depositario AMLO.

Como en 2012: un México que había padecido el reto del narcotráfico al Estado, apostó por el regreso del PRI a la presidencia para recuperar el orden que era al menos uno de los saldos del autoritarismo, apuesta que también fracasó.

Como en cada uno de estos momentos, también en 2018 la fe y esperanza, que gracias a la democracia se renueva en los mexicanos, permite al sistema político reencauzar el descontento ciudadano y cumplir con la función que le ha sido asignada.

Es entonces la democracia, moduladora del malestar social, en cuyo caso cumple con una función básica para la preservación del sistema político sin el cual -regular o malo- una sociedad no pudiera continuar con sus actividades básicas: económicas, culturales y todas.

La fe: insumo y producto de la democracia. El rito sexenal de culpar y confiar en alguien más para no tener que hacerlo con nosotros mismos.

Este ensayo urge a la recuperación del profundo sentido de nuestra historia y contemporaneidad que nos convierta en protagonistas −y no mero testigos- de la misma.

2.

LA CUARTA TRANSFORMACIÓN

Andrés Manuel López Obrador auguró a los mexicanos que su gobierno sería el de la Cuarta Transformación. Desde luego, se refería a tres de los momentos históricos fundacionales del país: la Independencia, la Reforma y la Revolución; según lo cual, su presidencia señalaría el inicio de una nueva era de la dimensión e importancia de aquellas.

No obstante hay una Cuarta Transformación que en todo caso corresponde al régimen de la posrevolución, es decir, la que coincide con los sucesivos cambios de siglas del partido de la Revolución, a saber, el Partido Nacional Revolucionario (PNR - 1929), el Partido de la Revolución Mexicana (PRM - 1938), y el Partido Revolucionario Institucional (PRI - 1946), y según lo cual, cabría la tesis, adelantada por los oponentes políticos de AMLO, MORENA (2014) es en realidad la Cuarta Transformación del PRI.

Esta hipótesis -rechazada por los simpatizantes obradoristas, dado el repudio mayoritario que enfrentó el PRI en los últimos años del sexenio de Enrique Peña Nieto y que ha llevado al borde de su desaparición al partido hegemónico de antaño- es sin embargo susceptible de diferentes interpretaciones:

Ya fuera MORENA un paso evolutivo en tal transformación histórica del partido de la Revolución Mexicana, lo que implicaría una valoración positiva.

O por el contrario una regresión al populismo de los setenta y tempranos ochenta, por ejemplo, que quebró las finanzas públicas del país.

O bien, si esta pretendida regresión en realidad conlleva una recuperación de valores y principios que fueron abandonados por el PRI en su última etapa, que se corresponde con el ascenso de la tecnocracia priísta y la doctrina neoliberal; sin que ello necesariamente implique una vuelta al populismo echeverrista-lopezportillista (o el autoritarismo diazordacista, o la corrupción alemanista).

Ciertamente, en la declaración de principios de MORENA se explicita el rechazo a los años del neoliberalismo, lo que, al menos doctrinalmente, traza un puente entre el PRI de los setenta y ochenta (que es además el PRI en el que militó en su juventud López Obrador) y la victoria de MORENA en 2018, con el interregno neoliberal entre 1982 y 2018 bajo la égida del PRIAN.

Y sería esta vuelta al origen, al supuesto momento del quiebre en la continuidad del proyecto de la Revolución Mexicana (que, por su parte, los documentos doctrinarios del PRI declaran como el continuo histórico-político de la Independencia y la Reforma), una de las posibles acepciones del igualmente sugestivo y ambiguo concepto de Regeneración que está en el centro del Movimiento Obradorista.

El discurso de la Cuarta Transformación -que como veremos por sí constituye un ejercicio de revisionismo histórico de uso político- ha sido a su vez retomado, de manera más o menos espontánea, por la oposición de AMLO, para transformarlo en un instrumento discursivo de descalificación que se ha difundido sobre todo en los canales de las redes sociales virtuales.

Facebook y Twitter se han convertido en el ágora desde la cual se ha subvertido en hashtags tales como #TransformaciónDeCuarta, #PRIMOR, y #JuntosHaremosPrehistoria, con la pretensión de ridiculizar y señalar presuntas contradicciones entre el discurso y los hechos de AMLO, a partir de su designación como presidente electo.

Lo que esto nos advierte, es que en efecto dicho concepto, que en un primer momento fue una bandera del obradorismo para convocar simpatías, ha mutado en una invocación de batalla de quienes se posicionan como sus críticos en las redes sociales y medios de comunicación tradicionales, lo que, dado el estado de debilidad de lo que tendría que ser la oposición al gobierno, es decir, los partidos de mayor historial como el PRI y el PAN, no se diga el PRD, es la verdadera resistencia a esa expresión política que hoy cuenta con las mayorías legislativas que en su momento fueron patrimonio exclusivo del priísmo hegemónico.

En efecto: las condiciones están dadas para el regreso del presidencialismo autoritario y del partido hegemónico oficial que durante tantas décadas caracterizó al PRI, lo que en los hechos implicaría, en efecto, su cuarta transformación (o regeneración).

Pero, ¿cuál de estas transformaciones –si acaso alguna- será la que ocurra en los siguientes seis años?

¿Nos encontramos ante el fin de la partidocracia, de cuño reciente, y un paso adelante en el desarrollo de nuestra democracia? ¿Se trata del primer gobierno de izquierda en la historia del país?

¿Habrá un viraje en el modelo económico, con el abandono de las tesis neoliberales y la readopción del viejo nacionalismo revolucionario? ¿Se mantendrán intactas las reformas neoliberales de los últimos treinta años? ¿O habrá una tercera vía entre ambas disyuntivas: un modelo inédito para potenciar las ventajas propias del país en un complejo escenario internacional?

¿Será la Cuarta Transformación de AMLO, la que trace un camino de renovación institucional en el país? ¿O será el alfarismo el que abra, desde Jalisco, ese nuevo horizonte de nuestras instituciones?

Estamos ante el inicio de una era, sin duda. Lo incierto es saber a dónde conduce.

3.

HISTORIA PATRIA

Tendríamos que tomar en cuenta que en todo caso, esta noción de la Cuarta Transformación -o cuarta era- lleva implícita la adopción de la lectura que los regímenes de la postrevolución (a los que genéricamente llamaremos priístas) hicieron de la historia de México, una que es necesariamente parcial e incompleta, toda vez que privilegia algunos eventos históricos en detrimento de otros igualmente trascendentes para justificar un régimen específico, a saber, el de la postrevolución o priísta.

Específicamente, nos referimos a una interpretación de la historia de México que fue difundida en los libros de texto de educación básica a partir del gobierno de Manuel Ávila Camacho (1940-46), para legitimar los gobiernos que para entonces ya abandonaban algunas de las posiciones más radicales de izquierda de la administración de Lázaro Cárdenas, abiertamente socialista.

Y que en realidad, fue ella misma -a la que llamaremos historia patria oficial u oficialista- una puesta al día (con el añadido de la Revolución), de la versión y la estrategia política utilizadas por los liberales de la República Restaurada tras la derrota del Segundo Imperio, en la reforma legal de 1867 que estableció la gratuidad de la educación y por ende los contenidos educativos correspondientes, que le serán arrebatados a la Iglesia católica en su rol de formadora de conciencias, y, aún más importante, de identidad.

Hasta entonces, el sentimiento de pertenencia de los mexicanos era hacia una comunidad religiosa: la Conquista en realidad triunfó por la evangelización, que tuvo el mérito de adecuar sus contenidos doctrinales a un ya de por sí religioso pueblo indígena.

En consecuencia, los liberales intentaron reemplazar la doctrina religiosa-católica por una doctrina laica-cívica que fomentara la cohesión territorial a partir de una identidad nacional, en lo que hasta entonces era un mero cúmulo de identidades regionales con muy poco de común entre ellas.

Estrategia que, por otra parte, ya había ensayado poco antes Maximiliano I en su intento de superar las divisiones entre conservadores y liberales y sus diversas lecturas históricas: la de aquellos, los conservadores, viendo en Iturbide al libertador de la patria; la de estos, los liberales, celebrando como tal a Hidalgo, por ejemplo; el culto a Hidalgo como padre patrio se consolida a partir de Maximiliano.

Y, siglos atrás, los propios aztecas habían hecho una apropiación muy libre del pasado olmeca para legitimar su dominación y la de la Triple Alianza sobre el resto de los pueblos del Valle de México. Hernán Cortés recurrió a sabiendas al mito de Quetzalcóatl para legitimar ante Moctezuma los actos de conquista.

Los criollos del XVIII de la Nueva España, a pesar de su pertenencia racial, encontraron en el rico pasado precolonial, y particularmente en el de los mexicas y su imperio -que en realidad duró apenas un centenar de años-, un símbolo de identidad que los distinguía de los españoles peninsulares en su pretensión de reconocimiento frente a la metrópoli, lo que perfectamente explica el que criollos y mestizos hayan coincidido en llamarle México a la nueva nación tras la declaración de su independencia.

La historia patria -la historia oficial- es, así, un instrumento de Estado. Es un constructo que reinterpreta los hechos históricos en una narrativa particular para justificar y legitimar el régimen vigente. El pasado tiene entonces una finalidad –un destino- que conduce al momento actual y su estructura de autoridad para su realización plena.

Los libros de texto del programa educativo de los gobiernos liberales tenían el añadido de convertir a los conservadores y monárquicos –es decir, a los que pensaban diferente, y que fueron derrotados militarmente- en los enemigos de la patria y traidores a la nación.

La galería de villanos oficiales -de Cortés a Iturbide, de éste a Maximiliano de Habsburgo, como después lo será Porfirio Díaz- servirá para enaltecer por contraste las figuras de los republicanos-liberales-priístas, que reclamarán ser los legatarios de Cuauhtémoc e Hidalgo, de Juárez y Zapata, ignorando las aportaciones decisivas que cada uno de ellos -Cortés, Iturbide, Maximiliano y Díaz- habrían hecho para el logro de los fines históricos ensalzados por la mismísima historia patria que los condenaba.

Porfirio Díaz –o mejor dicho: su ministro de Instrucción, Justo Sierra- también recurrió a esta estrategia para legitimar su largo periodo de gobierno. Pero Díaz dio un paso más allá en la identidad del régimen con la patria misma, y lo llevó a encarnar en su persona la síntesis y fin último de la historia nacional.

Los regímenes de la Revolución que lo derrocaron hicieron lo propio, con una salvedad: cada presidente priísta se investía de historia patria, pero solamente durante los seis años de su mandato. La lectura histórica de la Cuarta Transformación de México pretende trazar la ruta que lleva al inevitable obradorismo.

En resumen: la tesis según la cual los gobiernos de la posrevolución eran los herederos de un linaje histórico glorioso tiene su origen en el canon liberal de la historia patria que quedó definitivamente fijado tras el fusilamiento de Maximiliano.

Claro que, como se ha señalado, el propósito de este revisionismo histórico no es el conocimiento objetivo de la historia, sino, por el contrario, su manipulación con fines de legitimación política: su instrumentalización. Que respondió en su momento, por lo demás, a la muy legítima necesidad de promover la cohesión social en un territorio con manifestaciones culturales diversas mediante el recurso del nacionalismo. Urgente en el México de la mitad del siglo XIX cercenado por el expansionismo estadunidense que le arrebató la mitad del territorio, y después de sufridas las secesiones de Guatemala, Belice, Honduras, El Salvador, Nicaragua y Costa Rica de lo que muy brevemente fue el Imperio Mexicano de Iturbide I.

Este reordenamiento deliberado de los hechos históricos, subrayando algunos y omitiendo otros (una selección discrecional de eventos) para construir una narrativa que fije la memoria colectiva, logra, sí, su efecto deseado, pero al costo de dejar en el camino trozos de historia igualmente relevantes y trascendentes que los finalmente reivindicados y apropiados por los vencedores, llevándonos a, por lo menos, una comprensión incompleta de nuestra propia historia, y, en el peor de los casos, a ser susceptibles de manipulación política.

El nacionalismo es un fenómeno de la modernidad. La construcción de la idea de México era una necesidad apremiante de los liberales y el recurso de la historia patria fue útil. Tan necesario entonces como ahora es la deconstrucción de esa idea para recuperar su profundidad y significado. Llevar un paso más allá la comprensión del significado de México en el mundo del siglo XXI.

La historia patria es entonces una herramienta de control, pero puede ser también un instrumento de liberación.

Para ello es necesaria una iconoclastía que nos sitúe a los contemporáneos del milenio (que lo somos también del bicentenario de la Independencia y el centenario de la Revolución, y lo seremos de aquello en lo que al final se convierta la pretendida Cuarta Transformación) en la correcta dimensión del momento histórico que nos corresponde vivir.

Intentar una lectura menos sesgada, que desmonte la historia oficial para descubrir rasgos de identidad más profundos.

Nos proponemos ensayar un enfoque alterno al reduccionismo del discurso único, que nos lleve a la recuperación de una historia abierta: un verdadero depósito de enseñanzas y aprendizaje siempre actual.

Más allá del academicismo, y, efectivamente, con fines políticos, pero no para justificar o legitimar el poder, sino resistirlo, con la sola intención de fortalecer la democracia.

En la comprensión de que no hay democracia sin pensamiento crítico.

4.

GEOPOLÍTICA

El contexto geopolítico en que se dieron las independencias latinoamericanas, es decir, los virreinatos de Nueva España, Nueva Granada, Perú, Río de la Plata y las capitanías de Guatemala y Venezuela, y que llegaron a su culminación entre los años 1808 y 1826, viene dado por la decadencia de la corona española y la confrontación por la hegemonía europea y global entre las dos potencias emergentes del siglo, Inglaterra y Francia.

La debilitada y ambivalente España quedó en medio de tal lucha de poder, hasta que finalmente fue invadida por Napoleón y depuesto su rey Fernando VII, lo que provocó levantamientos populares en su defensa, tanto en la metrópoli europea como en las colonias americanas.

De ese enfrentamiento entre las potencias del viejo mundo saldrá finalmente triunfante Inglaterra, que, en la búsqueda de expandir su poderío comercial y financiero hacia el otro lado del Atlántico, sobre todo tras la reciente pérdida de su propia colonia americana, los Estados Unidos de América, brinda la protección de su flota naval y su hegemonía atlántica a las nuevas naciones latinoamericanas impidiendo cualquier posibilidad de reconquista militar española.

El ascenso de los Estados Unidos y su creciente poderío lo llevó a enfrentarse por la hegemonía continental con los ingleses en la segunda mitad del siglo. Ese es el contexto en el que se da la lucha de conservadores y liberales mexicanos (y en otros países latinomericanos), aquellos apoyados por las logias escocesas, de influencia británica, y éstos por las logias de York, de influencia norteamericana. La guerra civil norteamericana (en sí misma un ejemplo de esta dialéctica violenta entre el capitalismo comercial agrícola y el industrial) abrió una ventana de oportunidad para Francia en su pretensión de reivindicar su posición como potencia global, lo que llevó a Napoleón III a respaldar el Segundo Imperio Mexicano que le fue propuesto por los conservadores mexicanos.

Resuelta la guerra a favor de los yanquis, el decisivo apoyo estadunidense a la causa de Juárez, tras la reiteración de la doctrina Monroe por una parte, y por la otra la necesidad de reconcentrar las fuerzas francesas ante un estado prusiano que había logrado unificar los pueblos alemanes de la Europa Central en torno suyo, con el consiguiente abandono del respaldo militar francés a Maximiliano, será la más contundente razón del definitivo triunfo de liberales sobre conservadores.

Y en el mismo caso que en la Independencia y en la Reforma, los sucesos de la Revolución Mexicana, por ejemplo, no fueron consecuencia exclusivamente de los actos nacionales: igualmente decisivo fue el contexto internacional, y, sobre todo, la política exterior de los cada vez más poderosos Estados Unidos.

La Revolución maderista fue respaldada por el gobierno estadunidense, agraviado por la política de incentivos a la inversión británica y francesa del presidente Díaz. El embajador norteamericano tuvo un rol protagónico en las conspiraciones de Huerta contra Madero. El inicio de la Primera Guerra Mundial y el riesgo latente de una alianza entre Alemania y México obligó a Estados Unidos a otorgarle su reconocimiento al gobierno de Carranza (y aceptar a regañadientes el constitucionalismo nacionalista que reclamaba, al menos declarativamente, la soberanía de la nación sobre el subsuelo y sus riquezas). Tendría que ocurrir una Segunda Guerra Mundial y una idéntica circunstancia geopolítica para que los norteamericanos aceptaran que nuestro país pasara de los dichos a los hechos en materia petrolera.

Por otra parte, las ideas marxistas y el triunfo de la Revolución Soviética fueron sendos elementos externos que incidieron en el rumbo de la Revolución Mexicana, sobre todo en su contenido laborista y en el peso que las organizaciones sindicales tendrían en el régimen, incluso en su muy posterior etapa neoliberal (en la que aún nos encontramos).

5.

CAPITALISMO

Así como Napoleón propició indirectamente las revoluciones americanas, tras su caída, España, con el apoyo del resto de las monarquías absolutistas europeas -Austria, Rusia y Prusia- bien pudo haberse embarcado en la recuperación de sus colonias. Y muy probablemente habría tenido éxito, de no haber sido por el rechazo de Inglaterra a tal propósito, y, sobre todo, su resolución de hacerlo valer mediante un bloqueo marítimo en defensa de los intereses de los burgueses (comerciantes y banqueros) ingleses y sus negocios transcontinentales.

E igualmente importante es el ascenso de aquella antigua colonia inglesa que fue la primera en reclamar su independencia, con el doble propósito de alcanzar la libertad política, por un lado, y la libertad de comercio por el otro (pues no es otra cosa la Fiesta del Té).

Es decir, el entorno geopolítico se corresponde con el desarrollo de los modos de producción tanto en el plano global como en el interior de las naciones, y en el reajuste de las clases dominantes y sus intereses económicos, que a su vez determinan los intereses políticos y los del Estado del que forman parte.

Esto es el materialismo histórico marxista, que por sí mismo es otra tradición de revisionismo histórico, en la que el rumbo de la historia señala a la dictadura del proletariado, conforme a la dialéctica de la lucha de clases.

Las muy justificadas dudas respecto a la capacidad predictiva del materialismo histórico no debieran hacer desaprovechable su utilidad como herramienta de análisis. Una idea subyace al marxismo: el modo de producción de bienes comerciales y de consumo es el que determina la ideología y la política en un momento histórico dado, y, consecuentemente, son los cambios en el modo de producción los que transforman a las sociedades en sus ideas y valores, y, en el reparto del poder político.

En ese orden el marxismo es a la historia lo que el psicoanálisis al estudio de la psique humana: la economía es el "Ello" freudiano (las pulsiones del instinto); la ideología es el "Superyo" (los límites de la racionalidad). El "Yo" (o la conciencia histórica) es producto de la dialéctica entre materia (la carne) y espíritu (la razón), lo que al final se convierte en una mera justificación que el "Yo" se repite para acallar su culposa conciencia.

La Revolución Industrial provocó el ascenso de la clase burguesa (comerciantes y banqueros), primero en Inglaterra y poco después en Francia, en los linderos de los siglos XVIII y XIX (y eventualmente en la Alemania unificada alrededor de Prusia, en la segunda mitad del XIX), la cual, por tanto, reclamó una mayor participación en la toma de decisiones políticas en sus respectivos estados, bajo el argumento de la soberanía popular, antitético al de soberanía divina, provocando -y justificando, legitimando- a su vez la transición que lleva de las monarquías absolutistas a las parlamentarias.

De lo que se sigue que, para una cabal lectura y comprensión de los tres momentos transformacionales referidos (Independencia, Reforma y Revolución), es necesaria su contextualización en el marco del desarrollo del capitalismo en el que están insertos. Y, por ende, otro tanto corresponderá al análisis de la pretendida Cuarta Transformación.

Cada uno de estos momentos transcurren en etapas distintas de la evolución capitalista. Desde esta perspectiva, la Independencia corresponde a la transición del capitalismo colonial (de extracción mineral, artesanía comercial y agricultura de subsistencia) que tras la Conquista impulsaron y favorecieron a las coronas española y portuguesa, hacia un modelo de producción capitalista industrial, con sus fábricas y haciendas, conforme al modelo inglés (y del norte de los Estados Unidos de América).

La Reforma es la consolidación de dicho modelo con el impulso a la producción agrícola de fines comerciales, a través de la desamortización de la propiedad comunal y corporativa, que afectó principalmente la tenencia de la tierra de las comunidades indígenas y eclesiásticas en favor de la propiedad privada capitalista, como correspondía al ideario liberal.

Los efectos del capitalismo industrial, tales como la proliferación de los trenes y telégrafos, y sobre todo la depauperación de los trabajadores del campo y el surgimiento de la nueva clase obrera, propiciaron las condiciones para la Revolución.

Hoy vivimos la era del capitalismo financiero y del gobierno de las corporaciones transnacionales: la economía global. El internet es el espacio en el que se realizan las principales transacciones comerciales y financieras, e, incluso, los intercambios culturales y hasta muchas de las interacciones sociales y familiares.

El tiempo-pantalla consume tramos crecientes de la cotidianidad.

Las redes sociales y su interconectividad, por ende, han tenido un impacto en la política, tanto internacional como nacional y local de los países del orbe, México incluido.

6.

LA REFORMA NEOLIBERAL

Si como lo hemos hecho con los tres momentos fundacionales del discurso obradorista de la Cuarta Transformación de México, ahora hacemos lo propio respecto al contra-discurso de sus opositores, o sea, aquel según el cual MORENA es en realidad la Cuarta Transformación del PRI, observamos lo siguiente en lo que concierne al marco geopolítico y de evolución del capitalismo y sus etapas:

El Partido Nacional Revolucionario nació en 1929 para concentrar y centralizar el poder, disperso en tantas facciones como caudillos había; una federación de partidos locales y regionales aglutinados en torno al liderazgo de Plutarco Elías Calles. Su logro fue la pacificación del país, la conclusión de la etapa armada de la Revolución y su institucionalización.

Luego, el Partido Revolucionario Mexicano de 1938 fue un instrumento del Estado corporativo, mediante el cual Lázaro Cárdenas incorporó a los sindicatos y ligas agrarias en el partido, como un instrumento de poder y apoyo a su proyecto nacionalista: integrar los sectores productivos al aparato de control político que era ya el partido de la Revolución. La expropiación petrolera fue su principal logro.

A su vez, el Partido Revolucionario Institucional de 1946, adicionalmente a la centralización del poder lograda por Calles y al corporativismo instrumental de Cárdenas, sumó la incorporación de las clases medias a un proyecto de industrialización y retiró a los militares de la lucha política. Su sino fue el de la corrupción institucionalizada.

Hay un doble intento de cuarta transformación del PRI a partir de 1988, ambas fallidas. Una, la representada por el PRD, que nace como la conjunción de un éxodo de priístas y de los partidos socialistas y comunistas, y que en cinco elecciones presidenciales consecutivas fue derrotado, por lo que nunca alcanzó la presidencia de la república que le hubiera permitido ser esa cuarta etapa del PRI traicionado por los neoliberales.

Dos, la diseñada por Carlos Salinas, que incluso tuvo la intención de cambiarle el nombre a Partido de la Solidaridad, transformándolo de uno gremial a otro de causas territoriales. Los dinosaurios priístas resistieron y las burocracias prevalecieron.

En todo caso, MORENA sí que es –al menos potencialmente- el triunfo del proyecto de restauración del nacionalismo revolucionario que no consiguió el PRD.

Por otra parte, si bien no se significó en un cambio de siglas o de estructura, la adopción de las tesis neoliberales y el co-gobierno de facto con el PAN, convirtió al PRI post-salinista, o mejor dicho, al PRIAN, en esa cuarta transformación del Partido que, al menos desde la creación del PRI, dejó de ser Revolucionario y se convirtió en Partido de Estado ("institucional").

A cada etapa le correspondió un entorno internacional específico que la explica, tanto en el plano económico como geopolítico: la crisis financiera de 1929 y el surgimiento del fascismo en Europa, fueron el entorno del PNR.

El inicio de la Segunda Guerra Mundial y la vinculación de la producción industrial y agrícola de México a los Estados Unidos, ocupados en el esfuerzo bélico, lo fueron del PRM. Lo que a su vez permitió la expropiación petrolera, por ejemplo, que como hemos dicho, hubiera sido más difícil de realizarse sin la necesidad que Estados Unidos tenía de mantener buenas relaciones de vecindad con México, ante el inminente conflicto bélico.

La guerra fría y el mundo bipolar enmarcan, y en buena manera explican, la era del PRI.

Cada uno de estos eventos de escala global, definitorios, tan transformacionales, como lo fueron las Revoluciones Francesa y Americana para explicar la Independencia; el tránsito del capitalismo comercial al industrial, la Reforma; y las contradicciones de esta última, la Revolución.

Por supuesto, el colapso de la Unión Soviética y sus implicaciones en Europa oriental habrían de tener efectos en México, como también lo tuvieron las políticas neoliberales en el Reino Unido, los Estados Unidos, el FMI y el Banco Mundial, por una parte.

Pero sobre todo, fue la quiebra económica a la que había llevado el irresponsable endeudamiento de la apuesta lopezportillista por ampliar la infraestructura petrolera en México, lo que debilitó la soberanía económica del país; esto es, la entrega de soberanía la provocaron los gobiernos populistas.

Fueron por ende los gobiernos de Echeverría y López Portillo los que propiciarían la llegada de la clase tecnócrata al poder y es también ese el momento, ante la pérdida del respaldo de las clases medias urbanas al PRI, que se da por necesidad la alianza PRI-PAN y la evolución del PRI-Partido al PRIAN, que se mantendrá durante las presidencias salinista, zedillista, foxista, calderonista y peñanietista.

Es decir, la era del desmantelamiento del Estado de Bienestar de la post-guerra y su sustitución por el Estado Neoliberal en el mundo occidental, en la Europa oriental, en los países asiáticos y en las principales economías de Latinoamérica; que abarca las décadas de los ochenta y los noventa del siglo pasado y a cuya época de relativa bonanza podríamos poner fin con un hecho de tanto significado y simbolismo como lo fue el ataque de Al Qaeda a Nueva York y Washington en septiembre de 2001.

Lo que redunda en la invasión norteamericana en Afganistan e Iraq, y con ello, una cadena de causalidades que nos lleva al momento actual.

A partir de entonces quedó en evidencia que el reto al consenso de libre mercado y democracia que estaba imponiéndose en el mundo tras la quiebra de la alternativa comunista, vendría no desde un modelo económico alterno, como había sido el caso previo, sino desde una concepción religiosa fundamentalista -el islamismo radical- que desafiaba el orden internacional en su conjunto, por su valores intrínsecos, de los que se derivaba un rechazo a todos los aspectos de la cultura occidental, de raíces judeocristianas.

Tendríamos que señalar que la invasión norteamericana a Afganistán, y sobre todo a Iraq, en última instancia (que incluye las consecuencias de las revueltas de la Primavera Arabe en 2010-2013 en Túnez, Egipto, Libia y Siria, y el surgimiento y fortalecimiento del Estado Islámico de Iraq y el Levante), tuvo un efecto en cascada sobre los flujos migratorios de refugiados de la guerra que recayeron en Europa, provocando una sobrecarga en la capacidad de los estados europeos que los acogieron en Alemania, Francia e Inglaterra, entre otros; además de tensiones sociales y temores entre la población nativa europea, aunado al auge del terrorismo del islamismo radical que alcanzó también a Madrid (2004), Londres (2004 y 2017), Paris y Copenhague (2015), Niza y Berlin (2016), Manchester y Barcelona (2017).

El tan temido choque civilizacional entre occidente y el mundo musulmán se trasladó de las calles de Bagdag al interior de los países de la Unión Europea, poniendo en cuestión incluso al proyecto comunal europeo.

Simultáneamente pero en dirección contraria a la transición de la presidencia del PRI al PAN en México, en el resto de América Latina se vivió un auge de gobiernos de izquierda en Brasil, Argentina, Bolivia, Ecuador, Chile, Venezuela.

Pero el verdadero quiebre del modelo de libre mercado y democracia no vino dado por el reto del fundamentalismo islámico y el subsecuente militarismo estadunidense, y ciertamente tampoco por las renovadas tendencias socialistas en Latinoamérica. La nueva izquierda apenas y sobrevivió en Venezuela y Bolivia a un altísimo costo de empobrecimiento general, sobre todo en el caso venezolano. El gobierno de Lula Da Silva en Brasil o el de los Kirchner en Argentina terminaron bajo la sombra de corrupción.

El detonante de la crisis de las democracias fue la crisis financiera mundial de 2007-2008, provocada por las propias elites del sector financiero global y los vacíos de regulación gubernamental, o sea, los excesos del capitalismo neoliberal.

O para recurrir de nueva cuenta al dogma: las contradicciones internas del capitalismo señaladas por Marx desde sus primeros análisis y que advertían su quiebra y las condiciones para el advenimiento del Estado Comunista, finalmente nos habrían alcanzado en el nuevo milenio.

Los saldos del estado neoliberal quedaron a la vista: la creciente disparidad en la distribución de la riqueza había sido señalada mucho antes de que la crisis financiera estallara.

Tras ella, el empobrecimiento y desempleo de las clases medias, así como las nulas sanciones a los responsables de la crisis, quienes por el contrario fueron apoyados con recursos públicos para el saneamiento de las instituciones financieras (en la repetición a escala global de lo que fue el Fobaproa quince años antes en México), exacerbaron las tensiones sociales previas.

Tuvieron su rol las subsecuentes y obligadas políticas de austeridad de los gobiernos y el recorte en el gasto de seguridad social (que tanto golpearon a España y Grecia, por ejemplo). Y, pesó también en este clima anti-liberal, la evidencia de que los estados nacionales tienen que hacer frente a mayores gastos para la atención de sus poblaciones en aumento por la creciente migración, mientras los grandes capitales y corporativos han encontrado la manera de distraer sus ganancias a paraísos fiscales y evitar contribuir con su parte de riqueza para el bienestar colectivo.

Las reglas del juego señalan ganadores (poquísimos) y perdedores (todos los demás) antes de arrancar la partida.

7.

CRISIS DE LA DEMOCRACIA

Habiendo admitido entonces la importancia de tener un marco de referencia geopolítico para el análisis político-histórico en general, y para nuestro análisis de las posibilidades y alcances –su contenido mismo- de la Cuarta Transformación, tenemos que reconocer que el momento histórico actual -es decir, aquel que coexiste con la transición que va del PRIAN a AMLO- en efecto reúne el peso y la gravitas para ser considerado un momento transformacional como aquellos reinvindicados por el priísmo-obradorismo. O sea, un cambio de paradigma global de las dimensiones que se vivieron durante la Independencia, la Reforma y la Revolución, respectivamente.

A saber, nos encontramos ante la crisis del Estado Neoliberal, que a su vez surgió como resultado del desmantelamiento del Estado de Bienestar.

Pero también, y eso es aún más preocupante, vivimos una crisis de la democracia. De su viabilidad misma. Sin que pareciera haber una alternativa deseable.

Hay, sí, el resurgimiento de los nacionalismos raciales y de los gobiernos autoritarios (es decir, el resurgimiento del nazismo y el fascismo, que nacieron en la década de 1930 en Europa, como resultado de la crisis financiera de 1929, principalmente, que fue la primera crisis global del capitalismo, en la dimensión de lo que fue la del 2007, y con efectos igualmente funestos).

En 1929 hubo un país otrora poderoso con ambiciones de hegemonía global que, tras ser humillantemente derrotado en una conflagración mundial -Alemania-, quiso reclamar su lugar en el plano geopolítico retando el orden internacional vigente; así también ahora Rusia, la derrotada y humillada Unión Soviética de la guerra fría, busca reencontrar su lugar como potencia del orbe haciendo lo propio, particularmente a partir del ascenso de Vladimir Putin al albor del milenio.

Además de los ejércitos tradicionales -como en Siria, para derrotar al Ejército Islámico y consolidar a su aliado Al-Asad, o en Ucrania, para anexionarse Crimea-, Rusia ha sabido utilizar un nuevo recurso militar: el internet y las redes sociales (Facebook, YouTube, Twitter y WhatsApp).

Las mismas herramientas que empoderaron a la sociedad civil durante la Primavera Árabe y que permitieron al primer presidente estadunidense afroamericano –Barack Obama- alcanzar el poder, han sido subvertidas por agencias de inteligencia chinas, norcoreanas, iraníes pero sobre todo rusas, para intervenir en los procesos electorales de las democracias europeas.

Con campañas sistemáticas de desinformación han ahondado la polarización y el malestar social que los excesos del neoliberalismo, la migración árabe y norafricana en Europa, la crisis financiera de 2007 y los recortes de austeridad en las redes de seguridad social de los países del primer mundo europeos, provocaron.

En consecuencia, entre la población nativa de países como Alemania, Austria, Francia, Hungría, Países Bajos, Polonia e Italia, que ya de por sí veían con recelo el proyecto de integración de la Unión Europea, han surgido movimientos nacionalistas de corte racista y partidos políticos de extrema derecha, algunos ya en el poder (Polonia, Hungría, Italia) o muy cerca de alcanzarlo (Austria, Países Bajos, Francia).

Ha quedado más que documentada la malintencionada intervención rusa (mediante perfiles de usuarios falsos y portales de noticias apócrifas) con relativo éxito en los procesos democráticos de Ucrania, Alemania, Francia y España. Pero el más acabado logro de esta nueva forma de militarismo, ocurrió en Inglaterra con el referéndum para definir la permanencia inglesa en la Unión Europea, poniendo en duda la viabilidad misma del proyecto de integración de Europa, y, sobre todo, durante la elección presidencial de Estados Unidos en 2016, que llevó a la presidencia del país más poderoso del mundo a un personaje como Donald Trump.

Trump, precisamente, se valió de una estrategia y un discurso de polarización que exacerbó los temores de las mayorías caucásicas a verse superadas por la migración y el crecimiento demográfico de las minorías étnicas, muy en particular, la latina y de entre estas, la mexicana.

Según datos de la Oficina del Censo estadunidense, en 2016 la población de origen latino en Estados Unidos era cercana a los 58 millones, lo que representa el dieciocho por ciento de la población en general y revela que los latinos son el bloque demográfico más grande después de la población caucásica o blanca en aquel país.

La población de origen específicamente mexicano era de 36 millones, o sea, poco más del 63 por ciento de los latinos. En Los Ángeles, por ejemplo, viven casi seis millones de latinos (45 por ciento de quienes habitan la ciudad), de los cuales el 78 por ciento tienen ascendencia mexicana. Houston tiene 36 por ciento de latinos, tres cuartas partes de origen mexicano.

La mitad del crecimiento demográfico en Estados Unidos desde el año 2000 corresponde a latinos. El tejido demográfico en aquel país se ha transformado irremisiblemente. Las viejas certidumbres de identidad racial ya no se corresponden con lo que el americano medio vive en las calles (ni el europeo). Occidente ya no es lo que era, y nunca lo será otra vez. Las placas tectónicas de la civilización están en movimiento. Terreno fértil para los nuevos populistas (de izquierda y derecha: categorías en vías de caducidad). Y para los servicios de espionaje y propaganda cibernética de aquellos países que retan el viejo orden mundial.

[Tendría que ser tarea de estudio y análisis los procesos de redes sociales que llevaron a Peña Nieto a convertirse, más allá de sus propios errores, de un muy popular candidato al presidente en funciones más repudiado de nuestra era, y, si acaso, hubo la intervención de agentes gubernamentales de otros países, Rusia quizá. Quienes muy probablemente seguirían promoviendo la polarización social en los mismos canales, ahora en demérito de la popularidad de AMLO (más allá de sus propios errores)].

8.

ESTADOS UNIDOS DE AMÉRICA

Los Estados Unidos de América abrevan de dos fuentes ideológicas: una cristiana fundamentalista y otra liberal. Los dólares con su leyenda «In God we trust» (en Dios confiamos) acompañado de simbología masónica tales como la pirámide y el «ojo que todo lo ve», son testimonio de esta dualidad.

Hay una tradición federalista, que defiende la soberanía de los estados y quiere reducir los alcances del gobierno central, que reclama el derecho a portar armas para la defensa del patrimonio y recela de la intervención del gobierno; y otra tradición que cree en el excepcionalismo norteamericano, en un gobierno fuerte que tiene la obligación de pelear por causas justas en el país y en el mundo.

La guerra civil que en el siglo XIX enfrentó al norte industrial y al sur agrario por la esclavitud de los afroamericanos, es el ejemplo más contundente de ese país dividido, cuya herida aún no sana, como quedó en claro, por ejemplo, durante el reciente debate nacional en torno al uso de la bandera confederada por parte de algunos estados sureños, y sobre todo, como precisamente lo evidencia el tono de la contienda electorales de 2016, no exenta de racismo (y misoginia).

Desde los años sesenta, Norteamérica ha sido además teatro de una guerra cultural: los valores de la contracultura (feminismo, lucha contra la discriminación racial, respeto a la diversidad sexual), versus el conservadurismo religioso (defensa del matrimonio heterosexual y valores familiares tradicionales); los ochenta de Ronald

Reagan contra los noventa de Bill Clinton; una agenda sociocultural liberal y otra conservadora.

Hay asimismo otro eje de división: la élite financiera y corporativa, los ganadores de la globalización que residen en los grandes centros urbanos y sobre todo en California y Nueva York; y los olvidados por ella, norteamericanos que viven en las ciudades pequeñas y semirrurales, por una parte, así como quienes perdieron sus empleos en la industria de la construcción cuando las armadoras industriales emigraron a países como México en busca de mano de obra barata.

Coexisten entonces dos naciones dentro de los Estados Unidos. La geografía azul y roja de demócratas y republicanos respectivamente, es prueba de ello. Una nación —digamos la azul— ha legalizado el uso recreativo de la marihuana y el matrimonio homosexual, abraza la diversidad cultural y eligió al primer presidente afroamericano de la historia estadounidense. Hillary Clinton, por lo demás representante del establishment político y financiero estadounidense y global, ella misma la personificación de la corrección política y una carrera muy solvente, fue candidata de esta nación.

La otra nación —roja— ve con temor cómo se convierte en minoría racial frente al crecimiento demográfico de los latinos; no termina por aceptar la normalización de la homosexualidad en medios de comunicación y centros comerciales; ve con extrañeza el crecimiento de la población musulmana dentro de sus fronteras. Su candidato fue un Donald Trump en los linderos de la corrección política, enemigo público número uno de la globalización y de las cadenas noticiosas —excepto Fox News— y medios impresos, al que su propio partido le regateó el apoyo y que al final no necesitó. Un outsider para todos los que se sienten tal en su país, en ese Great America añorado.

La polarización partidista de la sociedad no es un fenómeno nuevo en EE.UU. Antes de Trump y de Hillary las costas ya eran demócratas y el medio oeste republicano. California y Nueva York azules; Texas rojo; Florida oscilante entre uno y otro color. Gore vs. Bush en 2000 y Bush vs. Kerry en 2004 dividieron el voto del país en partes prácticamente iguales. Han sido un puñado de estados los decisivos en cada elección. Florida en 2000; Ohio en 2004, las que han roto el empate.

La radicalización dentro de los partidos es también un signo de los tiempos que corren: entre el Tea Party que obligó a los dirigentes republicanos a radicalizar hacia la derecha su discurso, y el Occupy Wall Street que precedió la insurgencia de Bernie Sanders en el Partido Demócrata, se refleja un mismo síntoma: el profundo descontento hacia la clase política tradicional, tanto de derecha como de izquierda, y la radicalización de las posiciones, que, como todo extremo, también en este caso se unen en el repudio a la globalización financiera y corporativa. En este aspecto, el discurso del socialista demócrata Bernie Sanders y el del magnate republicano Donald Trump es prácticamente intercambiable.

Al final eso fue lo que llevó a Trump a ganar la presidencia de Estados Unidos. Más allá de la división política-cultural-socioeconómica que parte por la mitad a la población norteamericana, y que precede por décadas a las campañas y las candidaturas mismas de Hillary y Trump, lo que ocurrió en noviembre de 2016 tiene una explicación relativamente sencilla.

El triunfo de Donald Trump se debe al voto en los estados del llamado "cinturón industrial" del Medio Este Norteamericano, cuya principal actividad económica durante los años setenta y ochenta era la industria pesada, y que como resultado de las políticas de la globalización impulsadas desde que Bill Clinton firmara el Tratado de Libre Comercio con México y Canadá, han perdido su tradicional fuente de empleo.

Ese fue el voto decisivo. No el del racismo, que se neutraliza con el voto liberal. No fue el voto de la xenofobia, con su antídoto latino. No fue la misoginia, con el feminismo contrapuesto. No. Esa polarización precedió a Trump y la padeció Obama. Las protestas de millenials contra la elección de Trump son la otra cara del movimiento que le negaba a Obama la ciudadanía americana y lo acusaba de ser un musulmán de closet. Un punto muerto sin salida pronta.

Es cierto que Rusia ha logrado integrar un aparato de propaganda que se vale de la apertura de las redes sociales para intervenir en los procesos electorales, sucesivamente en Ucrania, Francia, Alemania, el Reino Unido y en España a propósito del reto independentista catalán (o en México). Pero seguramente pesó más la economía de los estados de Ohio, Michigan y Wisconsin, que fueron los que le dieron los votos electorales decisivos a Trump, que la contratación masiva de publicidad en Facebook o la granja de usuarios fantasma en Twitter de los ciber-agentes rusos, o incluso que el hackeo de correspondencia embarazosa entre los mandos de la campaña de Clinton y su difusión por Wikileaks.

El factor determinante, el peso que terminó por cargar la balanza, fue el voto de castigo a las políticas comerciales que han castigado a los trabajadores de Ohio, Pensilvania, Wisconsin y Michigan. Un cuarteto de estados que votaron por Obama en 2008 y en 2012, y que en 2016 lo hicieron por Donald Trump. Tres de ellos (Wisconsin, Michigan y Pensilvania), habían votado por el candidato demócrata invariablemente las últimas seis elecciones.

Lo que decidió la elección del presidente del país más poderoso del mundo fue el rechazo a la globalización económica por parte de una mayoría de la población de cuatro estados de la Unión Americana.

Dos años más tarde, el escenario cambia: durante las elecciones intermedias de noviembre de 2018, los candidatos a senadores y gobernadores del Partido Demócrata en Michigan, Wisconsin y Pensilvania ganaron. En Ohio el voto se dividió: un gobernador republicano, un senador demócrata. El discurso polarizante de Donald Trump parece haber agotado sus réditos.

Pero quizá lo determinante ha sido la recuperación de la economía estadunidense. Los ciclos económicos rigen la política: luego entonces, las grandes corporaciones transnacionales y sus decisiones de inversión tienen más influencia en el flujo de los humores de los electores, y por ende en el cambio de las siglas partidistas a cargo de los gobiernos, que cualquier otro ente de poder, llámense ciudadanos comunes, partidos políticos o incluso estados nacionales.

El verdadero signo de nuestros tiempos.

9.

CRIOLLOS, MESTIZOS E INDÍGENAS

Podemos hacer una lectura de cada uno de los procesos históricos referidos desde la perspectiva de la lucha entre clases económicas –como corolario de la lectura marxista- o entre estratos de dominación política.

La pertenencia a determinada clase económica -esto es, según el lugar ocupado en la cadena productiva, que lleva del propietario de los medios de producción al proletariado, o incluso al desposeído de su fuerza de trabajo- condiciona hasta cierto punto la ideología política que se postule.

Hay además patrones de dominación que se replican intergeneracionalmente, niveles de opresión y explotación que son asignados por criterios de raza o derecho de sangre, independientemente de los modos de producción vigentes o el estadio del capitalismo en curso.

Los polos naturales de posicionamiento político vienen dados entre aquellos que quieren cambiar el estado de las cosas -económico y/o de dominación-, que no les favorece, y los que desean mantenerlo (o regresar a un estado anterior), en el entendido de que el estatus vigente –o pasado- les resulta favorable.

Es decir, se quiere cambiar o conservar el estado de las cosas según los privilegios o carencias que se tengan en una circunstancia dada.

También hay matices: según la intensidad con la que se busca este cambio, se es radical o moderado.

Si atendemos a los sucesivos estadios de desarrollo del capitalismo, observaremos que a cada uno le corresponde una clase dominante, una clase media descontenta y tantas otras oprimidas o explotadas.

Los movimientos revolucionarios tienen su particular mecánica. La revolución francesa, como todas las revoluciones, inició siendo una coalición entre las clases burguesas (clase media descontenta) y las populares (clase oprimida), para derrocar a la aristocracia y el alto clero (clase explotadora). Después se marginó a las clases populares y la burguesía encontró acomodo con la aristocracia terrateniente y el clero.

Esta misma mecánica podemos observarla en nuestra propia Revolución de Independencia. Con los peninsulares de la Nueva España en el rol de la clase explotadora; los criollos como clases medias; y el pueblo llano como tal (los mestizos e indígenas).

La guerra independentista mexicana no fue solamente una lucha de clases, sino una lucha de castas, una guerra de razas, durante la cual las alianzas cambiaron conforme las condiciones externas en la metrópoli y Europa.

En su origen hay una conspiración entre criollos de clases medias: militares y eclesiásticos de jerarquías menores, para enfrentar a los criollos ricos y peninsulares, es decir, funcionarios, militares y alto clero.

La insurrección de septiembre de 1810 fue ya una coalición de estos criollos rebeldes (inspirados por las ideas ilustradas propagadas por la Revolución Francesa) y de los peones, mineros y campesinos mestizos e indígenas (quienes acudieron al llamado a la guerra por una invocación de defensa a la religión, una contradicción digamos ideológica entre los criollos liberales y los conservadores indígenas y mestizos, que sin embargo tenían en común su resentimiento al dominio de los pensinsulares), que aprovecharon la invasión francesa a España para declarar la independencia.

España libraba en tanto dos guerras simultáneas: la de su propia independencia, para sacudirse el dominio francés; y una guerra de clases entre liberales (clases medias, burguesía) y conservadores (clases altas, nobleza terrateniente), y que culminaría con el paso de la monarquía absolutista que durante la época colonial había regido, hacia una monarquía constitucional que restringía las condiciones de dominación de las clases altas y favorecía a las medias en ascenso.

El triunfo del liberalismo en España llevó a las clases altas coloniales (peninsulares y criollos ricos) a aliarse con las clases medias (criollos y mestizos de profesiones liberales), para consumar la independencia, y de esta manera restaurar los privilegios coloniales, ya sin la regencia de la metrópoli.

Y lo que inició como una rebelión indígena de defensa al cristianismo y la corona española, encabezada por unos criollos de ideas liberales, terminó siendo un proceso separatista de criollos y peninsulares para preservar su dominio.

No habría que obviar la lectura según la cual la insurgencia inicial fue un movimiento religioso de corte fundamentalista, pues, desde la Conquista, los principales defensores de los derechos de los pueblos indígenas frente a los conquistadores fueron tanto la Corona como, sobre todo, los frailes franciscanos y dominicos, el bajo clero.

Fue además una rebelión indígena, pues los contingentes que siguieron al cura Hidalgo y a los militares Allende, Rayón y Almanza, lo eran mayoritariamente. El carácter religioso e indígena de esta primera etapa de la guerra de Independencia queda evidenciado por el estandarte de la rebelión, la Virgen de Guadalupe, la venerada morenita.

[La invocación de AMLO a ciertos referentes, tales como el nombre mismo del partido MORENA, que inevitablemente remite al culto guadalupano, a la veneración de la virgen indígena que favoreció la conversión cristiana de los pueblos originarios de México por los frailes españoles de la Colonia, revela el talento político y hasta la genialidad de AMLO y su conocimiento de los resortes profundos de la historia mexicana. MORENA lleva implícito en sus siglas un reconocimiento al mestizaje, incluso a la pureza racial de lo indígena, aún más moreno que el mestizo. La Cuarta Transformación regresa a los orígenes de la Patria: una revuelta indígena religiosa para "coger gachupines", los "fifís" de antaño.]

Esta rebelión, que el revisionismo histórico oficial celebra como el momento fundacional de México -lo cual pese a toda la fuerza de su simbolismo no deja de ser reduccionista e inexacto- que en efecto inició en la madrugada del 16 de septiembre de 1810, fue sin embargo derrotada unos meses después, en marzo de 1811.

Las sucesivas rebeliones indígenas en México, la última de las cuales fue la declaración de guerra del Ejército Zapatista de Liberación Nacional al gobierno salinista en el emblemático día que cobró vigencia la integración de México a un mercado común con Estados Unidos y Canadá (al progreso y la modernidad), apenas en muy poco han cambiado las condiciones económicas o políticas de los pueblos indígenas.

La segunda etapa de la guerra de Independencia sí que fue mestiza, tanto por la condición de su líder, José María Morelos y Pavón, como por los contingentes que la respaldaban, y en realidad fue poco más de una guerrilla, localizada apenas regionalmente. También esta rebelión fue derrotada, en 1815. El Congreso de Anáhuac sería, en todo caso, el primer intento de formalizar un gobierno mestizo.

El breve Imperio de Iturbide será la última ocasión en que los criollos gobiernen en territorio mexicano. A partir de la presidencia de Guadalupe Victoria, la dictadura militar de Santa Anna, e incluso durante el Imperio de Maximiliano, la Reforma, el Porfiriato y los gobiernos de la Revolución, ocurrirá un fenómeno que será además sino distintivo en los países latinoamericanos: la política será para los mestizos; la economía (las riquezas: tierras y haciendas, minas y fábricas textiles) será para los criollos y extranjeros (franceses, españoles, ingleses y norteamericanos). O, para mayor precisión: un gobierno de mestizos al servicio de los capitales criollos y extranjeros.

México ha sido, históricamente, una sociedad clasista y racista que esconde su rostro detrás de la demagogia de su clase política mestiza.

Ni la Independencia, ni la Reforma, ni la Revolución acabaron con la dominación económica y social de los criollos sobre los mestizos e indígenas, como la evidencia del prevaleciente racismo elitista de nuestra sociedad contemporánea lo demuestra. Una hojeada a las revistas de "sociedad" o a la integración de los consejos directivos de las grandes capitales y sus rasgos étnicos dejan en claro lo anterior.

El poder político sí ha recaído en los mestizos, sobre todo si pensamos en los caudillos militares de la primera mitad del siglo XIX, en los profesionistas liberales y militares de la segunda mitad de aquel siglo, y en los generales revolucionarios y prósperos empresarios/ funcionarios del siglo XX que hicieron sus insultantes fortunas con negocios al amparo del poder.

En cualquier caso, tal poder político -mestizo- ha sido más bien predador sobre los mestizos sin poder político (la clase media) y los indígenas o mestizos empobrecidos, que son las clases proletarias, mayoritarias, para quienes la marginación y pobreza se trasmite generacionalmente.

La sujeción al poder económico y social criollo,

así como a los capitales británicos, estadunidenses y españoles, en haciendas y minas, en fábricas y empresas, bancos y casas de bolsa, ha sobrevivido los más de doscientos años de vida independiente de México.

10.

6 DE JULIO DE 1988

Tuvieron que transcurrir treinta años para que un resultado electoral tan contundente como el del 2018 se repitiera. Ni los priístas Ernesto Zedillo y Enrique Peña, ni los panistas Vicente Fox y Felipe Calderón -los presidentes de la era del PRIAN-, consiguieron rebasar el umbral de la mitad de sufragios en las urnas. El último que lo habría conseguido, y ello entre acusaciones de fraude por parte de la oposición, fue Carlos Salinas de Gortari, al que le fue reconocido el cincuenta y dos por ciento de los votos.

Aquel año, 1988, marcó un antes y un después en tantos sentidos. En más de una manera, aún hoy seguimos viviendo las consecuencias de los hechos de entonces. Mucho ha cambiado en México, y aún en demasiadas cosas sigue siendo tan parecido. En tres décadas México pasó de ser un país de economía relativamente cerrada al capital foráneo y altamente centralizada por el Estado, a una economía de mercado y abierta a la inversión privada y extranjera, con doce tratados de libre comercio que involucran a cuarenta y seis países.

Pasamos de ser un monopolio estatal en los sectores productivos de los energéticos, las telecomunicaciones y la electricidad, así como en el sector financiero, a un Estado que fomenta la inversión privada y extranjera en tales sectores.

Y, significativamente, de ser un país gobernado por un solo partido -el PRI-, con un presidente de la República con poderes de orden imperial y sometimiento del legislativo y judicial, con democracia y federalismo simulados, a una democracia plena, con competencia partidista efectiva y alternancia en los gobiernos. También, de un México en el que el presidencialismo y el régimen de partido único se imponía y controlaba a todos los poderes fácticos, legales e ilícitos, incluso delictivos, mediante la cooptación o la represión violenta, a una contemporaneidad en la que el narcotráfico y la delincuencia organizada retan al Estado y la corrupción gubernamental ha perdido el pudor.

En síntesis, treinta años en los que hemos transitado de aquello a lo que podemos llamar el régimen priísta, el sistema político sobre el que entre otros reflexionaron y escribieron con profundidad y agudeza Daniel Cosío Villegas, Octavio Paz y Carlos Fuentes; objeto de estudio y hasta de admiración de politólogos como Giovanni Sartori y Angelo Panebianco; y al que muy memorablemente calificara el Nobel peruano Mario Vargas Llosa como "dictadura perfecta"; a aquello otro que para muchos ha sido una fallida transición a la democracia.

En la que el régimen de partido único se convirtió en una partidocracia y la corrupción pasó de ser usufructo de un solo partido al de varios. Por lo demás, podemos hablar de una línea progresiva de democratización de nuestro país, con sus triunfos y reveses, sus héroes y traidores, con una sociedad compleja y hasta contradictoria que muchas veces reclama de sus autoridades una conducta ética ausente en su vida pública o privada.

En cualquier caso, el origen de dicha transformación vino dada por la ruptura al interior del PRI, entre sus dos corrientes dominantes de entonces: la generación de priístas que alcanzó el poder durante el sexenio echeverrista y que había sido parte del gabinete político durante los sexenios de López Portillo y Miguel de la Madrid; y la generación posterior, que hizo carrera en la alta burocracia del gabinete económico lopezportillista y posteriormente con De la Madrid lograría la hegemonía definitiva, consolidada cuando Carlos Salinas fue postulado candidato del PRI y luego electo presidente.

La clase política priísta se escindía en políticos y tecnócratas; en dinosaurios y neoliberales. Los políticos tradicionales se resistían a soltar los controles del Estado sobre la economía y por ende las cuotas de poder político y económico relativas al viejo régimen de desarrollo industrial y subsidios agrícolas, y fuente de riquezas personales al amparo de lucrativos contratos. Así, estaban más que dispuestos a recurrir al fraude electoral, como medio de preservar la hegemonía priísta.

En cambio, para los tecnocrátas era imperativo reformar el modelo económico del país y ajustarlo a los preceptos del establishment financiero global, aun si para ello era necesario dosificar los controles políticos y reconocer discrecionalmente algunos triunfos electorales de la oposición: ampliando la coalición dominante para incorporar a la dirigencia nacional del PAN, por ejemplo; y en el camino, crear y consolidar una nueva élite financiera que se beneficiara política y económicamente de la privatización de los activos gubernamentales (telefonía y banca, por citar dos casos).

Es decir: dos modelos económicos (estatismo versus libre comercio), y un mismo modelo político (clientelismo y corrupción), con la variante mono-partido (favorecida por los políticos), o bien bipartidista o de tres y hasta más partidos (pues las cuotas de poder y corrupción finalmente recayeron durante este último tramo de nuestra democracia en al menos algunas de las élites del PRI, PAN, PRD, PT y PV).

En otro sentido, fue también una lucha dinástica, de familias, entre vástagos privilegiados del sistema: con los hijos de un ex secretario de Industria y Comercio en el sexenio de Adolfo López Mateos, Raúl Salinas Lozano; y del único presidente socialista que ha tenido México, Lázaro Cárdenas, enfrentados, Carlos y Cuauhtémoc, casi desde la cuna, por derecho de nacimiento, por la silla presidencial.

Educados para gobernar (reinar), Carlos en Harvard, Cuauhtémoc como residente de la Ciudad Universitaria de Paris; sus rutas eran, luego entonces, divergentes, y no solo por la pertenencia generacional, lo que sin embargo explica las diferentes adscripciones ideológicas. Tres lustros más joven Salinas que Cárdenas: aquel en la ortodoxia económica dictada por el vilipendiado imperio, éste como militante del Movimiento de Liberación Nacional y simpatizante del anti-imperialismo de la sufrida Latinoamérica.

El pulso se resolvió en favor del tecnócrata (y de la ortodoxia económica, en México como en Latinoamérica: Argentina con Carlos Menem, Brasil con Fernando Cardoso, Perú con Alberto

Fujimori). La derrota de la Organización Continental Latinoamericana y Caribeña de Estudiantes (OCLAE) a manos del Fondo Monetario Internacional y el Banco Mundial.

Luego entonces, el quiebre no fue únicamente generacional, ni de clanes políticos (que también lo fue, ambos). La ruptura tuvo además el trasfondo ideológico de una revolución, que bien pudiéramos llamar, a la espera del nombre que los historiadores futuros le asignen, la Revolución Neoliberal (o acaso, la Reforma Neoliberal; o la Contrarrevolución, si se quiere).

Lo que para el caso específico de México se significó en el abandono de una serie de principios que, desde la Constitución de 1917, habían sido centrales en el programa de la Revolución Mexicana y de los gobiernos priístas, al menos nominalmente: laicismo, reparto agrario, sindicalismo, y señaladamente, la potestad del Estado sobre el subsuelo y sus recursos energéticos.

Es decir, la Independencia, Reforma y Revolución Mexicana serían tantos otros momentos transformacionales del país, o proyectos políticos distintivos, como lo habrá sido más tarde la Reforma Neoliberal. De ser así, ¿qué significa entonces el planteamiento de una Cuarta Transformación, que en todo caso tendría que ser la Quinta? ¿O un Movimiento de Regeneración Nacional como el que dirige AMLO?

Revolución o Reforma, la Neoliberal no fue del todo pacífica. Provocó reacciones violentas, entre las cuales habría que contar al menos algunos de los siguientes hechos que se sucedieron entre 1994 y 1995: La declaración de guerra del Ejército Zapatista de Liberación Nacional, los asesinatos de Luis Donaldo Colosio y del secretario general del PRI, la devaluación de diciembre y el consiguiente "error" en su manejo, el encarcelamiento del hermano del ex presidente Salinas, y el exilio pactado de este último.

Si la razón de ser del constituyente original del PRI fue el reparto pacífico del poder entre los grupos victoriosos de la Revolución, 1994 dejó en claro que el partido era ya, por el contrario, fuente de inestabilidad política a un altísimo costo para el país; como ya lo había sido entre 1976 y 1982 para la estabilidad económica.

El partido único era el acompañante del monopolio económico de Estado, ambos rehuían a la competencia real. Mientras las condiciones internacionales favorecieron el desarrollo de México, hubo consenso y respaldo ciudadano mayoritario al régimen, sin mayores consideraciones por la falta de democracia. Los estudiantes del 68 manifestaron sus reparos en este respecto, y la violenta respuesta del régimen evidenció aun más su carácter autoritario. Pero cuando a partir de los setenta, en un turbulento entorno financiero internacional, incluso el desarrollo económico fue puesto en duda, el apoyo al PRI terminó por diluirse.

Eso obligó a un ajuste del régimen: por lo político, amplió el circulo de su élite gobernante para incluir a los dirigentes panistas, en lo que en los hechos fue un cogobierno entre el PRI y el PAN que duró al menos treinta años, indistintamente de quien encabezara el ejecutivo federal.

Por lo económico, la agenda neoliberal salinista registrará sucesivos avances y reveses en los gobiernos de Zedillo (autonomía del Banco de México y fallida reforma energética), Fox (fallida reforma hacendaria), Calderón (fallida reforma energética y lograda reforma laboral) y Peña (exitosa reforma energética).

Será precisamente la aprobación de la reforma energética, que permitió entre otras cosas la explotación privada de las gasolinas, y, para hacerla rentable, la liberación de su precio, lo que desbordaría el repudio masivo al PRI y a la clase política en su conjunto, y que favorecería finalmente a AMLO y su discurso anti-sistema sostenido a lo largo de dieciocho años.

El costo político lo asumirá el PRI, e, involuntariamente para ellos, sus aliados, el PAN y el PRD. Sería el PRI quien rompería el Pacto por México, en su pretensión -a la postre exitosa- de ganar en 2017 la gubernatura del Estado de México, lo que dejó al PRD y al PAN ante la disyuntiva de contender solos o en coalición, definiéndose por esto último para la elección presidencial. En realidad el PRI desechó a sus aliados, que ya no le representaban ninguna utilidad. Sacrificados en nombre de la última frontera del neoliberalismo en México.

Lo paradójico es que cuando la agenda neoliberal está completa; cuando en efecto el mayor logro de la política nacionalista de los gobiernos priístas —la mítica Expropiación

Petrolera: el último reducto del nacionalismo revolucionario- ha sido revertido para favorecer al capital privado, es justo entonces –ahora- cuando triunfa aquel proyecto que inició como reacción al neoliberalismo, el neocardenismo perredista, aunque bajo las siglas de MORENA.

Cabe preguntarse si ello significa que habrá de dársele marcha atrás a la agenda neoliberal, o si estamos ante hechos consumados. Durante los meses transcurridos entre la elección y el inicio del nuevo gobierno, no se discutió con profundidad el tema, y más bien la atención versó en asuntos como la construcción del nuevo aeropuerto en la Ciudad de México o el Tren Maya en el sureste. De entre las reformas del gobierno de Peña, la única de la que se advirtió con certeza su abrogación fue la educativa.

Mientras, el proyecto político-económico salinista, el de reconstituir la élite dominante del país (cuyo emblema es quien ha llegado a ser el hombre más rico del mundo, Carlos Slim), queda consolidado con la reforma energética que abre nuevos mercados a estos inmensos capitales y sus socios transnacionales.

[Algunas de las empresas beneficiarias de los contratos para la exploración y explotación de hidrocarburos derivados de la reforma energética son: Sierra Oil & Gas, fue fundada por Jerónimo Gerard, cuñado de Salinas de Gortari y por José Antonio Gonzalez, exdirector de PEMEX y pariente político de Gerard; EIM Capital, ligada a Vicente Fox, entre cuyos accionistas están el ex senador panista Fauzi Hamdán, su exsecretario de Comunicaciones y Transportes Pedro Cerisola y Paulina Fox, hija del exmandatario; Carso Oil & Gas de Carso Energy pertenece a Carlos Slim; Pedro Aspe, ex secretario de Hacienda y Crédito Público de Carlos Salinas, es accionista de Diavaz Offshore].

Y además, la corrupción y el despojo de los presupuestos públicos, en el ámbito federal y el de demasiados gobiernos estatales, pese a la contundente documentación que investigaciones judiciales y periodísticas dejan como legado del sexenio en las hemerotecas y los archivos muertos de las procuradurías del país, ni siquiera serán perseguidos, mucho menos castigados, y sí en cambio, sus protagonistas, cínicamente exonerados.

Es por eso que en cierta manera la Cuarta Transformación es trágica: ocurre cuando ya la Reforma Neoliberal está completa. El estado del nacionalismo revolucionario ha quedado definitivamente desmontado. La partidocracia que gobernó el país los últimos treinta años fue sacrificada para poder sacar adelante la contrarreforma a aquella vieja expropiación petrolera.

El neocardenismo perredista que nació como reacción a aquellos primeros pasos que se dieron para desmontar el estado nacionalista, ha llegado al poder (con otro líder y siglas). Llega además con la fuerza parlamentaria para desmontar la reforma energética.

¿Lo hará?

Subyació a la campaña presidencial, la sospecha

de una posible alianza entre AMLO y el PRI del presidente Peña, ante las nulas posibilidades que siempre tuvo la candidatura priísta en la persona de José Antonio Meade.

Ciertamente hubo acusaciones, si bien interesadas, por parte de la campaña presidencial panista en ese sentido. También es cierto que desde el aparato de gobierno se procedió al golpeteo político para desgastar la candidatura panista, con filtraciones periodísticas de investigaciones judiciales que en última instancia favorecieron a AMLO. Luego entonces, sí hay elementos para especular, dada la natural secrecía que tales alianzas implicarían, que en efecto hubo un entendimiento entre el gobierno de Peña y AMLO.

Y en ese escenario, podríamos especular – subráyese: es una mera hipótesis- que se acordó preservar la reforma energética a cambio de derogar la educativa, por ejemplo, o echar abajo el proyecto del nuevo aeropuerto en Texcoco; lo que por una parte apuntalaría la agenda neoliberal (favorable a los intereses priístas) y por la otra daría satisfacción a las bases del obradorismo.

Esta tesis especulativa tendrá que sostenerse o desecharse a la evidencia de los próximos actos legislativos de la mayoría de MORENA.

En este orden de ideas, cabría una interpretación según la cual la Cuarta Transformación del PRI -MORENA- no es necesariamente una regresión al PRI de los setenta, es decir, aquella del populismo echeverrista y lopezportillista, la del nacionalismo expropiador.

Sino por el contrario, estaríamos ante una puesta al día de un PRI que tras completar la totalidad de la agenda de reformas estructurales -neoliberales- y asumir el costo político del descontento ciudadano por los efectos inmediatos de la misma -por ejemplo, la liberalización del precio de las gasolinas- es decir, cumplida su utilidad, cambia de nombre y de imagen.

MORENA -siempre según esta hipótesis, que es solo eso- sería el PRI de Salinas, lo cual por supuesto es una aberración y un contrasentido: el 2018 tendría que ser el año del pretendido fracaso del neoliberalismo, no su consolidación.

En efecto estamos ante un Movimiento de Regeneración Nacional. ¿De qué? La pregunta queda abierta.

11.

REGENERACIÓN NACIONAL

Más allá de los eventuales cambios en el gobierno y las políticas públicas, del cumplimiento o no de las expectativas generadas en el combate a la desigualdad, la corrupción y la inseguridad; más allá de si hay un viraje o no en política económica, de si implica ajustes al modelo económico de los últimos treinta años (el llamado "neoliberal"), o si se repudia dicho modelo en favor de algún otro; el triunfo de AMLO impacta en la configuración del sistema de partidos en México, y consecuentemente, en el sistema político en general: incluso en la vigencia misma de nuestra democracia.

Hasta antes de la elección presidencial de 2018, el sistema de partidos vigente en México era uno de tres principales –PRI, PAN, PRD- que al menos desde 1988 (con el antecedente perredista del Frente Democrático Nacional), se habían disputado las sucesivas elecciones presidenciales, articulando alrededor suyo los partidos minoritarios –satélites- que desde entonces han surgido (y algunos desaparecido) en tramos generacionales:

PT y PVEM (ambos con registro desde 1991 y promovidos en sus orígenes por actores políticos cercanos al salinismo; PT en alianza con el PRD en 2000, 2006, 2012 y finalmente con MORENA en 2018; PVEM en alianza con el PAN en 2000, y con el PRI en 2006, 2012 y 2018); Nueva Alianza (2005, surgido de una escisión priísta, que contendió con su propio candidato en 2006 y en coalición con el PRI en 2012 y 2018, para perder su registro este último año); Encuentro Social (2014, aliado a MORENA en 2018, pese a lo cual no alcanzó la votación necesaria para preservar su registro, si bien logró la gubernatura de Morelos con el ex futbolista Cuauhtémoc Blanco). Mención aparte nos merecerá el Partido Convergencia por la Democracia –luego Convergencia-, nacido en 1999 y que en 2011 cambió su nombre a Movimiento Ciudadano.

Ese sistema de partidos -tres partidos en competencia real y sus respectivos satélites- llegó a su fin el 1 de julio de 2018.

Se abren varias posibilidades: ¿Se conservará el sistema de partidos vigente, de pluralismo limitado (tres o cuatro partidos en competencia real), lo cual implica la permanencia del PRD y el PRI, así fuera con nuevas siglas si fuera el caso? ¿O estamos ante la desaparición del PRD y del PRI, o al menos de su pérdida de relevancia nacional?

El propio presidente Peña planteó la posibilidad de cambio de nombre del PRI. El PRD convocó a una asamblea para febrero de 2019 a fin de debatir la conveniencia de desaparecer la organización y abrir paso a otra nueva.

La realidad es que MORENA es una síntesis de ambos institutos partidistas, de sus tradiciones y discursos, de sus respectivas historias; la ruptura provocada por la hegemonía tecnócrata en el PRI finalmente es superada con la llegada al poder de MORENA, lo cual, cuando menos por referencia a sus cuadros políticos, hace irrelevantes al PRD y, en menor medida, al PRI.

El registro partidario de MORENA en 2014 provocó un éxodo masivo de cuadros perredistas al nuevo partido, lo cual evidentemente debilitó al PRD, como quedó reflejado en las jefaturas delegacionales de la Ciudad de México, otrora bastión perredista, donde el PRD pasó de gobernar catorce de las dieciséis delegaciones en 2012, a solamente seis en 2015 contra cinco de MORENA, y finalmente apenas dos alcaldías en 2018 ante once del partido guinda.

Y si bien el surgimiento de MORENA llevó a la irrelevancia al PRD, en términos de un espacio partidista para sus cuadros políticos (aquellos surgidos del neocardenismo y de la izquierda histórica), ello no es así en su esfera de representación ciudadana: el PRD aspiró, sobre todo en su último tramo, a constituirse en un espacio de lo que llamó "izquierda moderna", entendiendo por esto una representación política orientada a derechos (a la diversidad sexual, matrimonios igualitarios, interrupción del embarazo, por ejemplo) y no a la intervención estatal en la economía (y en la sociedad misma), que pudiéramos considerar está representada por MORENA. Este último partido tiene una connotación más conservadora (de derechas, digamos) en lo que respecta a la agenda de derechos, dada su vinculación con la identidad que a este respecto tienen la mayoría de los mexicanos (ocho de cada diez se declara católico, según datos oficiales del INEGI). AMLO ha sido muy puntual al respecto ("yo me hinco donde se hinca el Pueblo").

El PRD perdió su oportunidad histórica en 2012, cuando quizá la candidatura presidencial de Marcelo Ebrard le hubiera significado a esta "izquierda moderna" una plataforma; la cercanía de los dirigentes perredistas con el gobierno de Peña Nieto en los términos del Pacto por México y su posterior alianza con el PAN (y Movimiento Ciudadano) en la coalición Por México al Frente para los comicios presidenciales de 2018, terminó por cancelar cualquier posibilidad para el PRD de mantener la simpatías del electorado de izquierda.

Quedaría sujeto a revisión, sin embargo, si el triunfo de AMLO significa un viraje del electorado mexicano a la izquierda, lo cual cabría poner en duda. Entre los votantes de AMLO los hubo que votaron por el PAN y por el PRI (por supuesto también por el PRD) en elecciones anteriores. Se trata, quizá, de un voto ciudadano sin adscripción a un partido determinado en pro de la alternancia y en contra de los partidos políticos tradiciones y la clase política en su conjunto.

MORENA tiene además una vocación mayoritaria, como la tuvo siempre el PRI. Es decir, a diferencia de la tradición política de izquierda en México, con tendencia al sectarismo y a la disputa doctrinal, MORENA no tiene reparos en aliarse con partidos que pudieran ser considerados de derecha extrema, como Encuentro Social, que en realidad es un partido de orientación evangélica, o de izquierda extrema, como PT.

MORENA logró en la elección de julio 189 diputados. El PVEM realizó un trasvase de 5 de sus 16 diputados de su bancada a la de MORENA, lo que aunado a los diputados que previamente le habían "cedido" sus aliados formales del PT (de sus 61 diputados le otorgó 33 a MORENA, para quedarse con 28) y PES (de 56 pasó 26, permaneciendo con 30), le permitió al nuevo partido gobernante los escaños suficientes – un total de 256 (ya que un diputado perredista emigró también de siglas)- para presidir tres años continuos la junta de coordinación política de la Cámara de Diputados, y, aún más importante, tener la mayoría absoluta en dicha Cámara.

En el Senado de la República ocurrió otro tanto. MORENA consiguió en las urnas 55 senadores; PES, ocho; y PT, seis; PES cedió cuatro de sus senadores a MORENA para que este partido lograra 59 senadurías, lo que si bien no representa una mayoría de los 128 senadores, dicha mayoría sí se la otorga la sumatoria de legisladores de sus aliados.

Esto quiere decir que MORENA por sí solo tiene la capacidad de aprobar cualquier modificación a las leyes secundarias, y está a unos cuantos votos de lograr la mayoría necesaría para reformar la Constitución.

La coalición Juntos Haremos Historia (MORENA, PT, PES) ganó cinco gubernaturas (Morelos, CDMX, Veracruz, Tabasco y Chiapas), y en todas estas entidades logró además la mayoría en el congreso local respectivo. En otras doce entidades la coalición tendrá también mayoría en los congresos locales (Baja California Sur, Sonora, Sinaloa, Durango, Zacatecas, San Luis Potosí, Michoacán, Hidalgo, Guerrero, Estado de México, Puebla y Oaxaca). Lo que significa que MORENA tendrá mayoría en diecisiete congresos locales, que es además el número de parlamentos estatales necesarios para aprobar las reformas constitucionales.

Se trata, en los hechos, del regreso al partido hegemónico de Estado.

A MORENA le bastaría una alianza con los 15 senadores y 47 diputados del PRI para cualquier reforma a la Constitución.

(No le serían suficientes los 20 diputados y 5 senadores del PRD: solamente los votos del PAN -78 diputados y 24 senadores- permitirían dicho escenario, que se antoja altamente improbable).

Por su parte, el PRI es y ha sido siempre un ente de poder, sin orientación ideológica precisa (aunque de carácter conservador, sin duda, sobre todo después del cardenismo). En ese orden de ideas, el PRI sigue estando al servicio de los grandes capitales y entes de poder en México (cúpulas empresariales y financieras, centrales sindicales, etc.).

El pragmatismo es el sino ideológico del priísmo, si cabe. Es sin duda el partido mejor preparado para el momento histórico que vivimos, incluso mejor que el gobernante MORENA, por lo que pese a lo reducida de su bancada tiene entre sus cuadros un caudal de experiencia y relaciones que, sin duda, lo llevará a sobrellevar con ventajas para sus propios intereses el tramo actual. Ciertamente no será un partido de oposición al obradorismo y MORENA. Sabrá acordar sus votos racionalmente conforme a sus intereses de grupo.

Habríamos pasado, sí, de la era del PRIAN, a la era del PRIMOR.

En cualquier caso, hay un rasgo de AMLO que,

entre otros, lo distingue de sus predecesores priístas (y panistas): el apego a la institucionalidad.

Los presidentes priístas hacían del culto a la legalidad (al menos en lo formal y aparente) un aspecto central de su investidura.

Después de todo, se trataba del partido Institucional, más que Revolucionario.

AMLO ha sido muchas cosas –un activista, líder social y político etc.-, pero, al menos discursivamente, no se ha caracterizado por ser un observante estricto de las instituciones formales.

No lo fue cuando era un líder partidista en Tabasco promoviendo marchas y tomando pozos petroleros, en demandas justas, legítimas, y hay que decirlo también, dentro del marco de un derecho de manifestación también señalado en la Constitución y sus leyes. Tampoco lo fue cuando la autoridad electoral decretó su derrota en la elección presidencial de 2006 (ni en la de 2012) y se proclamó presidente legítimo.

El populismo que le ha sido señalado a AMLO tiene que ver con su reiterada disposición a someter a consulta popular temas cuyo resultado de algún modo ya está predeterminado por él. Así ocurrió cuando fue presidente nacional del PRD y que convocó a consulta para rechazar el Fobaproa, y, recientemente, a propósito de la ubicación del nuevo aeropuerto internacional para la Ciudad de México (o el Tren Maya, eventualmente). Democracia plebiscitaria.

Ejercicio este último –la consulta sobre el aeropuerto- que fue muy cuestionado, quizá no tanto por su propósito (es decir, que se le consulte a la ciudadanía sobre un tema que pudiera o no obedecer a criterios técnicos) sino por haberse realizado sin los menores controles para evitar resultados fraudulentos.

Por esta razón, después de la consulta por el aeropuerto, un banco suizo –UBS- advirtió a sus inversores sobre la factibilidad de que en un momento dado, AMLO utilice la figura del referéndum público para extender su mandato presidencial más allá de seis años.

En dicho supuesto, tendría que hacerse la siguiente precisión: no se trataría ya del regreso del PRI; aun en sus más nefastos momentos (corrupción, fraude, autoritarismo), el régimen tenía sus controles, a saber, la restricción sexenal.

Un presidente lo era todo seis años, pero no más. Su camarilla se enriquecía en el usufructo del poder, pero después del sexenio se retiraba a disfrutar de su riqueza mal habida.

El rasgo que más preocupa de López Obrador es que resulta creíble, verosímil, la posibilidad de que busque reelegirse como presidente.

Posibilidad con la que en su momento, se dice, jugaron Miguel Alemán, Luis Echeverría y Carlos Salinas.

¿Será el cuarto intento de un presidente de México por reelegirse el que finalmente tenga éxito?

12.

LA REFUNDACIÓN DE JALISCO

En tanto, ¿qué será de la oposición? El PAN, el partido de más larga tradición opositora a los regímenes priístas -de los que MORENA sería, según uno de nuestros supuestos, su extensión-, tendría que seguir ocupando ese rol.

En principio, el PAN es el partido político que, después de MORENA, cuenta con el mayor número de diputados (78) y senadores (24). Sin embargo, las ya añejas pugnas internas entre sus grupos más conservadores, sus familias fundadoras y los pragmáticos en turno, dificultan su cohesión de cara al inicio del gobierno obradorista.

En cualquier caso, dentro del sistema de partidos, apenas y hay uno que se perfila abiertamente como oposición al proyectado nuevo régimen: Movimiento Ciudadano.

Si bien es la cuarta fuerza política en el Senado (7 senadores) y la quinta en la Cámara de Diputados (28 diputados), MC es, sin embargo, el partido mejor posicionado para convertirse en la oposición más viable ante una eventual regresión autoritaria.

Junto con MORENA -y el PT- puede presumir resultados positivos. Ganó su primera gubernatura, (como le ocurrió también al PES en Morelos, pero a diferencia de este partido, MC sí que conservó su registro nacional); aumentó su representación parlamentaria tanto en la Cámara de diputados como en la de senadores; y además de consolidarse en Jalisco, ya tiene presencia importante en Nuevo León, Colima y Durango e incluso ganó una alcaldía en la Ciudad de México.

Es el único partido que se presenta unido, y con una estrategia articulada, declarándose abiertamente de oposición. En ese contexto, hay también otro fenómeno que, aunque local, tiene el potencial de trascender nacionalmente.

En Jalisco el malestar por la partidocracia y el prianismo tuvo un cauce diferente al nacional. El proyecto político encabezado por Enrique Alfaro había logrado posicionarse en el espectro de ese descontento, y tuvo sus primeros triunfos desde 2009, cuando rompió con el bipartidismo en Tlajomulco, y posteriormente en Guadalajara en 2015, lo que le permitió administrar una tendencia y alimentarla con su gestión de gobierno municipal, para incluso, hacer frente a una apuesta contraria a la inercia obradorista en 2018.

Hemos señalado que Enrique Alfaro hizo durante su campaña electoral un ofrecimiento que tiene cierta resonancia con el concepto de Cuarta Transformación de AMLO: la Refundación de Jalisco.

Alfaro ha declarado que dicho concepto remite a "la limpieza a fondo de las instituciones públicas y la renovación de los poderes constituidos", "para romper de tajo con el pacto de corrupción e impunidad", "ir por soluciones de fondo, por reivindicar la política".

Es decir, tiene una connotación acorde al rechazo a la corrupción y la ineficiencia de la clase política tradicional que también se expresó detrás del voto obradorista.

Alfaro ha precisado además que el contenido exacto de la Refundación se dará a partir de "un acuerdo social, no el acto de un gobernante", "un ejercicio de diálogo y entendimiento".

Hasta aquí, pareciera que hay más similitudes que diferencias entre el proyecto de la Cuarta Transformación y el de la Refundación de Jalisco. Después de todo, la propensión de AMLO a recurrir a las consultas populares, en principio, coincide con lo anterior (aunque a diferencia de López Obrador, el alfarismo ha recurrido a la creación de figuras de participación ciudadana como la revocación de mandato por la vía de las reformas legales y reglamentarias, es decir, desde las instituciones mismas y no por encima de ellas, lo que de por sí ya señala una disimilitud de fondo).

Sin embargo, la discrepancia más honda se muestra en la siguiente cita del propio Alfaro:

"La Refundación implica una manera diferente de relacionarse con los poderes públicos con verdadera autonomía y respeto, replantear y hacer respetar el pacto federal que une a México, asumirnos de verdad como un estado que toma decisiones libres y soberanas por el bien de sus habitantes".

Su significado, en el contexto al que nos hemos referido, irá entonces más allá de las definiciones postuladas por el propio alfarismo.

Como ha sido el caso con la "Cuarta Transformación", también la noción de "Refundación" será recurrida y apropiada por sus antagonistas. O sea, la oposición al alfarismo hará uso del concepto para replicarlo en un sentido negativo y descalificar sus políticas.

Dadas las altas expectativas en torno al gobierno de Alfaro –y de AMLO mismo- esto será muy frecuente si en el corto plazo no se cumplen las más de tales esperanzas.

Pero la Refundación de Jalisco se definirá principalmente en función de lo que ocurra en el plano nacional, y su repercusión en lo local y viceversa.

Es decir, su contenido vendrá dado por lo que el gobierno de Enrique Alfaro haga, pero también, y quizá en un sentido más profundo, por lo que el gobierno de AMLO haga o deje de hacer en su relación con la República y la Federación, y, particularmente, con Jalisco y el gobierno de Enrique Alfaro; y por ende, en la respuesta que desde Jalisco se articule.

La oposición al ejecutivo federal habrá de concertarse ya no en las legislaturas, donde MORENA tiene la mayoría absoluta. Los contrapesos propios de la democracia se trasladarán a otro lado: la Federación.

Y en un escenario de recomposición del PAN y el PRD y de retirada táctica del PRI, lo que implica a sus respectivos gobiernos estatales (con la excepción de al menos el gobierno de Chihuahua, encabezado por el panista Javier Corral Jurado, una voz crítica incluso al interior de su propio partido), es aún más relevante la posición del único gobierno auspiciado por Movimiento

Ciudadano, por las razones ya señaladas.

[Jalisco es a su vez un laboratorio que, desde sus particularidades, permite adelantar una posible configuración político-electoral del sistema de partidos post-AMLO: cuadros militantes del PRI y el PAN abandonan sus institutos de origen para afiliarse, indistintamente, a MC o MORENA, en lo que se advierte es ya un bipartidismo de facto como el previo PRI-PAN que prevaleció en la entidad durante los últimos decenios].

Refundar entraña una vuelta al pasado lejano, casi desdibujado e inerte, para rescatar del olvido los principios sustantivos que se abandonaron o desvirtuaron tras una larga travesía. Es recuperar las raíces fundacionales. Rescatar la esencia de lo fundado: la propia identidad.

Jalisco tiene una larga tradición de resistencia al centralismo, que se remonta a tiempos provinciales frente al virreinato.

Los símbolos históricos acontecidos en Jalisco y su capital, dan cuenta del legado a salvar:

En Guadalajara, Miguel Hidalgo proclamó la abolición de la esclavitud.

La Nueva Galicia declaró su independencia de España tres meses antes de que el Ejército Trigarante desfilara por la ciudad de México.

La Diputación Provincial de Xalisco enfrentó al Imperio de Iturbide, y fue la primera en demandar que la organización política de México correspondiera a una república federal y popular, al tenor de Prisciliano Sánchez. Jalisco se pronunció a favor del liberalismo y en su seno dio al primer presidente liberal, Don Valentín Gómez Farías, cuyas reformas se adelantan incluso veinte años a la constitución de 1857.

Capital de la república en tiempos de guerra, la vuelta al pasado histórico de Jalisco obliga a redimir y volver a la vida los preceptos del liberalismo de la primera mitad del México independiente: Federalismo, Soberanía, Laicidad y Libertad. Tales son los valores y principios que le dan identidad a un Estado que hoy reclama autonomía con respeto al pacto federal y en apego a la constitucionalidad vigente.

Ahora bien, hay otra eventualidad posible, y ciertamente la más deseable.

Tanto López Obrador como Enrique Alfaro son líderes fuertes con una agenda de renovación ambiciosa y un proceso político forjado desde la adversidad.

Según este escenario, lejos de contraponerse, ambos proyectos habrán de complementarse, y la Cuarta Transformación y la Refundación de Jalisco, serán otras tantas formas de llamar a la siguiente etapa en la lenta y penosa transición a la democracia de México, y el efectivo empoderamiento ciudadano frente a las élites económicas y políticas que han medrado en detrimento de los demás.

Pero, al final, nada de esto tendrá importacia y no habrá cambio, ni transformación, ni refundación que valga, si la sociedad, en tanto pluralidad de individuos –que no masa- no se hace cargo de escribir su propia historia.

No desde el anonimato y el discurso de odio y polarizante que hoy desborda las redes sociales de internet, tan susceptibles de manipulación por actores interesados en socavar la armonía de la convivencia social.

Sino en la cotidianidad: en el estudio y el trabajo, en familia y entre amigos, emprendiendo y creando. Respetando.

De otra forma, seguiremos condenados a uno más de una larga cadena de desengaños.

En ningún lado nos aguarda un águila devorando a una serpiente; no hay paraíso ni rendentores.

Solo estamos nosotros, ciudadanos, en falible humanidad, haciendo historia e, imperceptiblemente, patria.

Guadalajara, Jalisco, noviembre de 2018.